익는다는 말

성영소 詩集

익는다는 말

1판 1쇄 인쇄 2019년 1월 3일
1판 1쇄 발행 2019년 1월 10일

지은이 성영소
펴낸곳 도서출판 비엠케이

편집 성한경
디자인 아르떼203
제작 (주)꽃피는청춘

출판등록 2006년 5월 29일(제313-2006-000117호)
주소 121-841 서울시 마포구 성미산로10길 12 화이트빌 101
전화 (02) 323-4894 **팩스** (070) 4157-4893
이메일 arteahn@naver.com

값은 뒤표지에 있습니다.
ISBN 979-11-89703-01-1 03810

일원화 공급처 (주)북새통
주소 서울시 마포구 방울내로7길 45
전화 02) 338-0117 팩스 02) 338-7161
이메일 bookmania@booksetong.com

이 도서의 국립중앙도서관 출판예정도서목록(CIP)은 서지정보유통지원시스템
홈페이지(http://seoji.nl.go.kr)와 국가자료종합목록시스템(http://www.nl.go.kr/kolisnet)에서
이용하실 수 있습니다. (CIP제어번호 : CIP2018042713)

성 영 소 詩 集 익는다는 말

일흔일곱 해의 삶, 사랑과 행복 이야기 77

Book
magazine&publishing

결혼 50주년을 맞아
사랑하는 아내 宋雅에게
이 작은 시집을 바친다.

감사의 말

지난해 4월 5일 아침 내가 집에서 심근경색으로 의식을 잃고 쓰러졌을
때 신속하고 적절한 대응으로 나의 생명을 구해주신 분당소방서 수내
119구급대와 분당 서울대병원 심장혈관센터 연태진 교수님을 비롯한 의
료진 여러분에게 깊은 감사를 드립니다. 그분들이 아니었으면 이 시집도
햇빛을 보지 못했을 것입니다.

2019 새해 아침 성영소 올림

1 _____

나는 슬픈 詩農입니다   014

그림   016

어제 일기   017

내가 詩를 쓰는 이유   019

양파 까기   020

치과에서   021

울 어머니   023

밤이 좋아라   025

나의 영적 장애를 위한 기도   026

애모   028

나의 詩 詩한 작업에 대한 변명   029

몽고반점(蒙古斑點)   032

맛   033

딸에게   034

동창   036

바람이고 싶다   038

핸드폰   039

하루살이의 사랑   040

평창올림픽에서	041
홍시	042
어머니	043
어머니를 보내고	045
트레드밀	048
나를 위한 변명	050
엉터리 요리사	052
첫사랑	053
욕심	055
정말 어처구니없는 일	056
비 오는 밤, 아버지를 생각하며	058
우리들의 젊은 날	060
카톡 카톡	062
친구를 보내며	064
울음	065
이름	067

2_____

걷는다	070
걷는다 2	072
젓가락	073
익는다는 말	074
어떤 노부부	076
가까이 있어서	077
행복	079
행복 II	081
주님의 날 새벽에	083
침묵의 소리	085
너	086
독백	087
하얀 편지	089
돌담	090
발바닥	091
미투(me too)	093
무위(無爲)	094
후회	095

속으로 흐르는 강물 097

스마트폰 예찬 098

아버지 나무로 100

자수 102

시침 떼고 산다 103

돌멩이 105

밥상 106

가슴에 묻은 말들 107

웃고 살아요 109

걷자 111

3————

등   114

아내에게   115

아내에게 2   117

하얀 눈이 되어   120

태양이여   122

아내의 잠자는 모습을 보며   123

당신의 미소   124

당신의 노래   126

사랑의 빈털터리   127

아내의 등   129

아내의 발   130

바람   131

시를 쓰고 노래하는 이유   132

탁란   134

당신에 대한 마음   135

1————

나는 슬픈 詩農입니다

나는 詩를 기르는 농부입니다.
나의 마음엔 작은 텃밭이 있습니다.
그곳에서 나는 詩를 기릅니다.
나의 시들은 비 오는 날을 좋아하지요.
비가 내리면 내 마음도 촉촉이 젖어
작은 시의 씨앗들은 쉽게 싹을 틔우고
달 밝은 밤에 예쁜 달맞이꽃으로 피어나지요.
나의 어린 시들은 맑게 갠 날들도 좋아하지요.
빛나는 햇빛 속에 날아갈듯 춤을 추고
별이 빛나는 밤에는 토스카를 부르기도 한답니다.
나의 밭에는 작은 옹달샘이 있어
사철 물이 흐르고
작은 새 새끼들도 놀다 갑니다.
나는 늘 유기농으로 시를 키우려 합니다.
어려운 말, 거친 말은 금비나 농약과 같아서
몸에 좋은 시를 길러내지 못한다고 생각하기 때문입니다.
내가 기르는 시는 인기가 없습니다.

다른 시인들처럼 맛있게 기르지 못하기 때문이지요.
더구나 요즘은 詩농사가 지독한 불경기라네요.
이래저래 나는 슬픈 詩農입니다.

그림

난 무얼 그리는지 몰랐어,
남들이 그리는 대로
따라 그렸어.
그냥 그대로
따라 그리면 되는 줄 알았어.
똑같이 그리면
더 좋은 줄 알았어.
그래서
그렇게 그리려 했어.
다르게 그리면
안 되는 줄 알고 똑같이 그리려 했어.

어제 일기

어제 일이었습니다.

공원길을 산책하다가 벤치에 앉아 쉬고 있을 때였습니다.

누군가 손등을 툭 치기에 내려다봤더니 나뭇잎이었습니다.

노랗고 예쁜 작은 나뭇잎이었습니다.

내 입에서 무심코 감탄의 말이 튀어나왔습니다.

"너 참 예쁘구나."

이번에는 누군가 어깨를 툭 쳤습니다.

얼른 돌아다봤더니 빨간 나뭇잎이었습니다.

마치 자기도 한번 봐달라는 듯 내 어깨 위에 의젓한 폼으로 앉아 있었습니다.

나는 "그래 너도 참 예쁘구나." 하고 말했습니다.

그 말이 끝나기도 전에 이번에는 소나기가 퍼붓듯

울긋불긋 저마다 한껏 차려입은 나뭇잎들이 우수수 쏟아져 내리는 것이었습니다.

어제는 머리에 이마에 어깨에 무릎에

온통 예쁜 아가씨에게 둘러싸여 보낸 정말 행복한 추남

(秋男)의 하루였습니다.

내가 詩를 쓰는 이유

가보지 않은 길 겪어보지 않은 사람 살아보지 않은 미래
는 알 수가 없지요. 모르는 것 낯선 것 익숙하지 않은 것은
불안하고 혹은 두렵기까지 하지요. 그러나 익숙한 것은 무
료하고 때론 무척 지루하지요. 우린 건강하기 때문에 아프
며 사랑하기 때문에 미워하며 살아 있기 때문에 죽는 것이
지요. 이 역설(逆說)들을 감당할 수 없어 난 시를 쓰지요.

양파 까기

내 삶은 양파 까기다.

까도
까도
하얗다.
어제도 하얗고
그제도 하얗다.

까도
까도
똑같다.
어제도 껍질
오늘도 껍질

껍데기만 쌓이는데 눈물이 난다.

치과에서
—나의 사랑하는 dentist 처남을 위하여

도로 확장을 하는가.
터널을 뚫는 것도 같다.
드릴로 돌을 깨부수는 소리가 들린다.
간간이 돌을 쪼는 소리도 들린다.

지금 내 몸에 행해지는 이 공사는 무엇을 위한 것인가.
마음의 돌문을 깨기라도 하는 것인가.
가슴의 길을 활짝 넓히기라도 하는 것인가.

난 두 눈을 감고
말 한 마디 못 한 채
합법적 고문 기술자의 손놀림 아래
놀란 입을 다물지 못한다.
나는 벌써 한 시간 넘게
제대로 숨도 못 쉰 채
내 잇몸 속을 제 맘대로 헤집고 다니는
간간이 물고문마저 사양치 않는

냉혹한 dentist의 손놀림을 거부하지 못한다.

아니
난 참으로 적극적으로 그에게 협력하는 중이다.
이가 튼튼해야 몸이 튼튼하고
몸이 건강해야 정신이 건강한 것.
난 오늘 심은 이 강인한 implant로 뭐든 씹어 삼킬 것이다.
뭐든 깨부술 것이다.
치사한 연명이 아닌,
당당하고 건강한 내 삶을 위하여—

dentist들이어,
격렬한 치통으로부터 우리를 해방시켜
일용할 양식을 맘껏 먹게 해주는 그대들은
진정 하나님의 아들들이다.

울 어머니

하나님, 당신은 왜
아직 떠나지도 않은 사람의 기억을 지우십니까.
남은 생애가 얼마나 된다고 자식들의 이름마저 지우십
니까.

말을 배우는 갓난아기처럼
어머니는 자식들의 이름을 묻고 또 묻고
되묻기를
지치지 않고
언제나 먼저 지치는 건 우리들이다.
그리운 정을 떼놓고 가려 저러시나
잊지 않으려 거듭 거듭 저러시나.
밤을 낮으로 알고
낮을 밤으로 알아 밤낮을 거꾸로 사시는
20년 전 돌아가신 아버지가 어디 가셨느냐
왜 안 들어오시느냐 물으시는
어머닌 지금도 너무 예쁘다는 말에 마냥 행복해하시는

아직도 젊은 우리 어머니―
어떻게 살아오신 인생인데 삶의 끝이 너무 안타까워
속으로 불러보는
어머니, 울 어머니―

밤이 좋아라

밤이 좋아라
보기 싫은 것
보기 싫은 꼴 안 봐도 되는
낯 붉힐 일 없는
가식 없는 밤이 좋아라.
아름다움과 추함
길고 짧음
높고 낮음
아무것도 비교되지 않는
보이지 않는 칠흑 같은 밤이 좋아라.
겨우 눈꺼풀 한 꺼풀 들어올려
세상을 저울질하는 경망한 세계보다
차라리 만지며
느끼며
서로 호흡하는 인간미 있는 밤이 좋아라.
모든 위선의 허울 벗어던지고
우울하고 지친 몸, 편히 쉴 수 있는 밤이 좋아라.

나의 영적 장애를 위한 기도

주님,

새해를 맞아 묵상하는 가운데 제가 장애인이라는 사실을 알았습니다.

육신의 장애인은 금방 알 수 있으나

지적 장애인은 몇 마디 대화를 나누다 보면 곧 알 수 있으나

저는 다른 사람들이 쉽게 눈치채지 못하는 영적 장애인임을 알았습니다.

편견으로 눈이 멀고

오만함으로 귀가 어둡고

욕심으로 정신이 흐린 1급 장애인임을 알았습니다.

육신의 장애는 장애를 가진 사람들이 불편을 겪는 것이지만

저 같은 영적 장애는

그로 인하여 불편을 겪거나 피해를 당하는 사람이

제가 아니라 엉뚱하게 다른 사람들이었다는 사실을 깨달았습니다.

저를 모르는 사람보다는

저를 아끼고 사랑하는 사람들이었습니다.

제 주변에 있었다는 이유 하나만으로 괴로움을 겪었던 것입니다.

주님,

그동안 제가 영적 장애로 인하여 지은 수많은 잘못을 용서하여 주시옵소서.

예수님이 베데스다 못가에서 서른여덟 해나 누워 지낸 병자를 걷게 하셨듯이

제 영적 불구를 깨끗이 치유하여 주셔서 남은 여생이나마 바로 걷게 하옵소서.

아멘.

애모

이룰 수 없는 사랑이라는 것 알아요.
그래서 더는
생각하지 말아야지 생각하면
당신 생각과
생각을 말아야지 하는 생각이
뒤엉키고
생각을 말아야지 하는 생각도
말아야지 하고 생각하다 보면
미칠 것 같아
차라리 생각이 나면
나는 대로
뒤두기로 하면
나의 생각은 온통 당신에게로 가고
이렇게 또 하루
아무 생각 없이 빈 껍질로 살아갑니다.

나의 詩 詩한 작업에 대한 변명

난 어설픈 낚시꾼입니다.

요 며칠 빈 낚싯대를 던져놓고 기다렸지만 한 수(首)도 건져 올리지 못했습니다.

월척(越尺)커녕 입질 맛도 못 보는 요즘입니다.

詩작업은 한 벌의 모시 적삼을 만드는 것에 비유될까요.

어릴 적 모시 베를 만드는 것을 본 일이 있습니다.

남자들이 삶은 모시를 훑어 겉껍질을 벗기고 태모시를 만들면 여자들은 이 태모시를 앞니로 한 올 한 올 쪼개는 모시 째기를 합니다. 이어 쪼갠 모시 올을 서로 맞닿게 무릎에 올려놓고 손바닥이 닳아 뭉개지도록 비벼대어 실을 만드는 모시삼기를 하지요. 그리고는 잠시도 쉬지 않고 두 손으로 북을 주고받으면서 베틀 위에서 밤을 새우는 것을 보았습니다. 어린 제 눈에는 모시는 씨실이 아니라 눈물이 씨줄 되고 탄식이 날줄 되어 만드는 것이 아니었나 싶었지요.

詩작업은 또한 대장간의 쇠를 달구는 작업에도 비유될까요.

시우쇠를 토막 내 깜을 잡은 뒤 화로에 넣고 풀무질로 쇠를 익혀서 메질과 담금질을 계속하는 것이 꼭 詩작업의 퇴고(推敲)와도 비슷하지요.

詩人은 누에고치를 닮았다는 생각을 한 적이 있었지요.
나방이 되기 위한 누에는 제 몸에서 실을 뽑아 고치를 짓고 그 속에서 나방의 꿈을 키우지요. 그러나 누에는 나방이 된 뒤 알을 낳고는 죽고 말지요. 한 편의 名詩를 뽑을 수 있다면 시인은 아마 슬픈 누에의 길을 서슴지 않을 것 같으니까요.
헝클어진 상념(想念)에서 온몸으로 한 가닥 실을 뽑아내는 것과도 같은 詩작업,
그것은 펄펄 끓는 용광로에서 퍼 올린 쇳물의 벼림,
때로는 겨울 호수에 처음 내리는 흰 눈의 전율(戰慄)에나 비길까요.

바람에 팔락대는 거미줄을 보았습니다.

먹잇감도 없는 겨울에 근성(根性)처럼 엉겨 붙어 있는 것
이 집착이라면 집착일 수도 있겠지요.

그러나 바이올린의 현(絃)이 끊겼다고 집시의 탄식이 사
라지는 것은 아닙니다.

위장을 끝낸 알집 곁에서 굶주림과 추위로 서서히 죽어
가던 어미 거미의 꿈,

내년 봄엔 더 많은 거미줄이 이슬 맺힌 연주를 벌이겠지요.

그래서 내 비록 쭉정이 뿐인 콩대일지라도 헛 도리깨질
을 멈추지 못하는 것입니다.

몽고반점(蒙古斑點)

어렸을 때 내 궁둥이에 푸른 반점이 있었다.
어머니는 세상에 나오지 않으려고 버티다가
삼신할매에게 얻어맞은 손바닥 자국이라고 했다.
준비 안 된 말 궁둥이를 쳐서 달리게 하듯
엉덩이가 파랗도록 얻어맞고
엉겁결에 세상에 튀어나왔던 모양이다. 가끔은
차라리 몇 대 더 맞고 버틸걸
포장 안 된 자갈길을 달리는 마차처럼
투덜투덜 불평도 많은 삶을 살았으나
이제 생각하니
오길 잘 했다.
우주를 통틀어 아마도 가장
아름다운 이 초록별에서
사랑을 알고 감사를 배웠으니 돌아가면
할매에게 궁둥이를 한 번 더 때려달라고 부탁할까나.

맛

인생이란 맛이에요.
쓰고 달고 시고 짜고 맵고
쌉쓰름하고 달착지근하고 시금털털하고
짭조름하고 매콤하고
갖가지 맛이 있어
살맛이 나는 거죠

자기의 인생은 오로지 자기의 혀로만 음미할 수 있는 거죠.
누구도 찍어 맛볼 수 없는 타인의 인생을
자기의 인생과 비교하는 것은 어리석은 일이죠.

딸에게

잘 있지? 어디 아픈 데는 없고?

세월이 참 빠르구나.

네가 결혼해서 미국으로 떠난 지도 벌써 스무 해가 되어
가는구나.

지난여름 방학을 틈타

네가 아이들을 데리고 왔을 때

아빠는 한편 대견스러웠고

한편 기가 차더구나.

아이들이 정말 예쁘고

멋지게 커가고 있는 것이 대견스러웠고

늘 어린아이만 같던 네가,

너보다 커버린 아이들을 어르기도 하고 나무라기도 하
며 키우는 것을 보고

기가 찼던 거지.

돌아갈 날이 되어

엄마가 챙겨준 양념이며 값싼 옷가지들을 꾸리는 네 모습을 보며

아빠 많이 안쓰러웠지.

값으로 따지면 정말 얼마 되지도 않을

처녀 시절엔 어림도 없었을 그 보따리들을

군소리 한 마디 없이 챙기는 것을 보며

아빠 가슴이 짠해오는 것을 어쩌지 못했어.

넌 이젠 아이 둘을 둔 중년의 아줌마라고 말하겠지만

하지만 딸아,

넌 내게 항상 철없는 귀여운 딸이란다.

아프지 마,

몸도 마음도—

아빠 늘 네 편이야, 우리 딸 파이팅!

동창

우린 제각각 다른 길을 걸어왔다.
우리 6명은 이제 모두 은퇴,
두세 달마다 돌아가며 밥을 산다.
고등학교 교장
신문사 논설위원
대사
공기업 임원
목사
그리고 난 이것저것 닥치는 대로 살았다.

우린 대학에서 처음 만났지만
50년이 지난 지금
어이없게도 그때와 달라진 게 없다.
욕 잘 하는 것이며
무식한 것 하며
서로 잘난 체하는 것 하며—
아니, 그동안 무엇을 하고 있었다는 말인가.

아, 달라진 게 하나 있구나.
세상과 비비고 맞장 뜨느라
곱던 얼굴들이 폭삭 무너졌구나.
고맙다, 나와 친구를 해주어서—
아프지 말자.

바람이고 싶다

바람이고 싶다.
묶이지 않고
형체도 무게도 없는
바람이고 싶다.
어디든 갈 수 있고
어떤 모양도 아닌
태어남과 스러짐이 자유자재
욕심이 없는
바람이고 싶다.
약하고 외로운 사람은
누구든 부드럽게 안아줄 수 있고
불의한 것은 뭐든 무너뜨릴 수 있는
바람이고 싶다.
지구만 말고
별들 사는 곳, 어디든 갈 수 있는 바람이고 싶다.

핸드폰

죽은 듯 조용하다가
갑자기 울어대다가
벌벌 떨다가
너도 사는 게 참 힘든가 보다.

하루살이의 사랑

하루살이의 세월은 하루가 전부다.
어제도 없고 내일도 없는 하루살이는
어제에 대한 후회도
내일에 대한 걱정도 없이
오늘을 치열하게 산다.
하루살이는 입이 없다.
하루살이는
먹지도 마시지도 않고
세월의 전부를
단 하나의 사랑을 찾아 사랑만 나누다 간다.

평창올림픽에서

0.01초―
누구에게나 매일 864만 번이나 주어지는 0.01초를 놓고
사람들은 열광하고 환호했다.

홍시

잘 익은 붉은 홍시를 먹다가
손과 입술이 홍시 범벅이 되고
허벅지와 방바닥에도 몇 방울 떨어졌다.
홍시 하나를 먹는 것도 이런데
세상 참 너무 만만히 보고 살았다.

어머니

어머니가 다시 입원을 했다.
누워서만 지낸 지 4년
남은 것이라곤 육신 하나뿐이지만
그 몸마저 이집트의 미라가 되었다.
마치 먼 여행길을 떠나기 위해
당신의 뼈를 가죽 보자기에 싸놓으신 것만 같다.

늦게 들어오는 자식들을 위해 아랫목에 밥을 묻어놓으
시던 어머니
전화도 없던 시절
자식들은 말 한 마디 없이 신나게 놀다 들어온 것이지만
어머니는 쉬어가는 밥 한 덩이로 저녁 이름을 짓고
다음 날은 그 묵은 밥으로 끼니를 때우곤 했다.

세탁기도 냉장고도 청소기도 전기다리미도 없던
그야말로 아무것도 없던 시절
늘 배고팠던 시절

어머니는 10남매를 키우시느라
이불 속 밥그릇 옆에 당신의 젊음도 같이 묻었다.

자식이 열이라도 늘 외롭다시던 어머니
젊었을 때는 어서 어서 천국으로 가고 싶다더니
어찌 저리 힘든 세월을 보내시나.
차라리
아버지가 기다리시는 그곳으로 훌쩍 떠나지
차마 못난 자식들을 버려두고 갈 수 없어
천국 가는 열차를 번번이 놓치시나 보다.

어머니!
어머니는 제게 늘 진한 슬픔입니다.

어머니를 보내고

2018년 1월 10일 3시 16분
어머니가 가셨다.
대설주의보와 함께 함박눈이 펄펄 내리던 날
마치 하나님의 죄 사함을 받기라도 하듯
온 세상이 하얗게 덮이던 날
어머니가 가셨다.

지독히 춥던 날
몇 년 만에 가장 추웠다는 날
어머니는 삼베옷을 입고 가셨다.
평생 좋은 옷 한 벌 제대로 못 입으신 어머니는
하필 그렇게 추운 날, 삼베옷을 입고 가셨다.
우리들은 따뜻한 장례식장에서 태연하게 두꺼운 옷을
입고
어머니를 보냈다.

어머니는 주무시듯 가셨다.

의사가 돌아가셨다는 시간을 훨씬 지나고도 한참 동안
이나
우리는 어머니가 가신 것을 눈치채지 못했다.
지독하게 아파본 사람만이 도리어 죽음이 편안함을 안
다더니
어머니는 그렇게 편안한 표정으로
오히려 우리들을 위로하듯 가셨다.

이제 어머니는 어머니의 세계로 떠나고 나는 나의 세계
에 남아
얼마쯤 세월이 흐르고 나면 어머니를 잊고 살 것이다.

사랑은 같이 아픔을 느끼는 것이라는데
우리들이 아프면 어머니는 우리보다 더 아파했는데
몇 년 동안 병석에 누워 계신 어머니를 보고도
나는 지나가는 구경꾼처럼 어머니의 방을 기웃거리다
왔다.

나는 과연 어머니를 진정 사랑한 적이 있었던가.
생전에 무심하던 가슴이 이제야 저려온다.

트레드밀

트레드밀을 걷는다.
걸어야 건강을 유지할 수 있다는
단 하나의 이유로
무정하게 돌아가는 외길,
지겨운 한 시간을 걷는다.
한평생 걸어온 인생,
무엇 때문에,
무엇을 위하여 걸어왔던가.
사람들을 밀치고
때론 신나게 추월하며
좀 더 빨리 가려고 걸었던 길—
이제 그 길에서 내려와
트레드밀을 걷는다.
둘이서는 걸을 수 없는 외길,
혼자서 트레드밀을 걷는다.
여기서마저 내려서면
더 내려설 곳이 없는 양

땀을 삘삘 흘리며 걷는다.

나를 위한 변명

하나님은 왜 내게 이런 성격들을 주셨을까.

내게도 좀 우아하고 참을성 있고 이해심 많고 남자답고 노블하고 엘레강스한 성격을 주시지 않았을까

한두 번 쓰고 버릴 싸구려 물품도 골라골라 살 수 있는데

한평생 지니고 다녀야 할 사람은 나인데 왜

하나님은 내게 물어보시지도 않으시고 이런 못된 성질들만 내 인생의 배낭에 그득히 넣어주셨을까.

저를 아시는 여러분!

절 너무 욕하지 마십시오.

저도 정말 힘들었으니까요.

이놈의 성질 땜에 참 많이도 스트레스를 받았답니다.

착한 척 우아한 척 너그러운 척

숨긴다고 숨겨왔지만 번번이 들통이 나고 욕도 어지간히 먹었습니다.

하지만 제 성격은 제가 고른 게 아닙니다.

세상에 태어날 때 제가 아무리 아무것도 모르는 갓난아

기였다지만 이런 성격을 한 보따리 싸주신 분은 하나님이
었으니까요.

엉터리 요리사

더우나 추우나 한평생을 지지고 볶았지만
어찌 그리 솜씨가 없었을까
인생이라는 이름의 내 요리는 참 맛이 없었다.
미안하다,
내 인생의 테이블에 잠시라도 앉았던 사람들에게—

첫사랑

첫사랑이란 약속하지 않은 기다림이다.

행여 지나가는 뒷모습이라도 볼 수 있을까
먼발치에서 숨어 기다려본 사람만이
첫사랑을 안다.

한마디 고백도 못한 사랑이지만
가슴속에 지진 자국은 깊이 남아
첫눈이 내릴 때마다 돋아나는 사랑이다.

첫사랑은
정해진 시간 정해진 장소에서 만나는 사랑이 아니다.
혼자서 가슴 졸이다가
야간열차처럼 멀어져가는 사랑이다.
그러나 첫눈이 내릴 때마다
가슴 밑바닥으로부터 희미하게 들려오는 기적(汽笛) 같
은 사랑이다.

첫사랑이란
불이 붙어도
타오르지 않는 떨기나무처럼*
달궈지지 않은 인두에 눌린 자국처럼
첫눈이 내리면 다시 살아나는
아릿한 그리움이다.

첫사랑은
약속하지 않은 사람을 하염없이 기다려본 사람만이 안다.

*"떨기나무에 불이 붙었으나… 어찌하여 타지 아니하는고"
〈출애굽기〉 3장 2절에서

욕심

욕심을 접는다.
종이처럼 접는다.
접을수록 접기가 힘들다.
접을수록 두꺼워지는 욕심의 두께—

정말 어처구니없는 일

당신은 당신이 한 마리의 벌레였다는 사실을 알고 있습니까?

당신은 본디 정충이라는 한 마리의 단세포였습니다.

정충의 충(蟲)이란 벌레를 말하는 것입니다.

눈도 코도 귀도 없던 그 한 마리의 벌레가 어머니의 자궁 속에서 사람으로 변한 것입니다.

어떻게 하여 하나의 세포가 수십 조(兆)의 세포를 가진 인간이 되었는지는 모르지만 이것은 정말 어처구니없이 놀라운 사실입니다.

그러나 이보다 더 놀라운 것은 인간들이 자신들의 근원을 까맣게 잊고 산다는 것입니다.

인간은 망각의 동물이라고 하지만 자신이 벌레 출신이라고 커밍아웃한 사람은 아직 없었지요? 본디 벌레는 그 모습이 아무리 달라져 있다 하여도 벌레 아닐까요?

그래서일까요?

벌레 같은 인간들이 많은 것은—

만물의 영장이라면서 짐승만도 못한 짓을 하는 인간들

을 볼 때마다 진짜 벌레들이 얼마나 어처구니없어 하겠습니까.

비 오는 밤, 아버지를 생각하며

이렇게 지나올 길을 왜 나만 힘든 것처럼 굴었을까
나보다 더 힘들었을 사람들의 손 한번 잡아주지 못했을까
어머니가 가신 지 두 달이 훌쩍 지났다.
아버지가 가신 지는 24년, 가물가물한 옛날이 되었다.
나도 이제 갈 날이 가까워오는지
그분들의 일생이 새삼 내 인생에 외로움으로 오버랩 된다.
같은 남자라서인지 요즘은 아버지가 더 생각이 난다.
나는 아버지가
성난 비바람이 몰아칠 때도 꺼질 줄 모르는
늘 거기 서 있어야 하는 등대인 줄 알았다.
쉼 없이 때리는 파도 소리가
아버지의 절규를 삼키고 있는 줄도 몰랐다.
이제 나이 들어서야 나는
밤바다에 던지는 불빛이
눈물처럼 번지던 아버지의 외로움이었다는 것을 알았다.
나는 왜 그때 얼마나 힘드시냐고
얼마나 외로우시냐고

따뜻한 말 한 마디 못 해드렸을까를 생각한다. 나는 또
그랬던 내가 지금 무엇이 달라져 있는가를 생각한다.
아버지에게 그랬던 것처럼,
주위 사람들을 살필 줄도 모르고
따뜻한 말 한 마디 건넬 줄도 모르고
나는 여전히 나만 힘든 것처럼 산다.
죽은 뒤에나 달라질까.
달라져야 할 아무 이유가 없을 때 달라질까
달라질 무엇이 남아 있어서 달라질까.
분명 하늘은 비어 있는데 끝없이 내리는 빗물이 가슴을
친다.

우리들의 젊은 날

오늘은 갔네,
수많은 오늘 속의 오늘
오늘은 갔네.
알 수 없는 시간 속으로—

시간이라는 것이 둥글어
다시 돌아올지라도
다시 올 수 없는 것들이 있다는 것을 나는 알지.
이른 봄 어린 이파리들의 속눈 떨림과
늦여름 매미들의 절규
혼인비행을 마친 하루살이들의 마지막 날갯짓
낙엽들의 슬픈 궤적을
난 기억하지.
어지러이 흩날려도
대지를 빈틈없이 덮던 하얀 눈도
내 기억을 덮지는 못하지.

우리들의 젊음도 그렇게 갔네.
절규로
헤아릴 수 없는 날갯짓으로
허공을 가르는 슬픈 몸짓으로―
난 기억하지,
그 가슴 떨리던 젊은 날들을.
우리들의 젊은 날도 그렇게 갔네.

카톡 카톡

純粹의 시대는 갔다.
괴나리봇짐 하나로
한 달을 넘게 걸어왔던 한양 길을
두 시간도 안 되어 휙—
縮地의 KTX는 달려오는데
순수의 시대는 갔다.
대동강 물을 팔아먹었다는
봉이 김선달도 이제는 어쩌지 못한다.
한강 물은 썩었다.
황사와 미세먼지가 숨을 조이고
사람들은 서로를 믿지 못한다.
인터넷은 세상을 찰나로 묶지만
마음은 오히려 멀어지고
사람들은 저마다의 고치 속으로 들어가
외로운 등대지기처럼
카톡 카톡
SOS 같은 신호를 보낸다.

사랑도

詩도

모두 難解한 지금은

위조된 행복을 움켜쥐고 사는 거짓의 시대.

맑은 한강 물을 잃어버리고

맑은 영혼의 목마름으로

카톡 카톡

외로운 딸꾹질을 뱉어내는

지금은 喪失의 시대.

친구를 보내며

그제 떠난 친구
어디쯤 가고 있을까,
누가 불러 그리도 급히 떠났을까.
며칠 여행을 떠나도 배낭 한 개쯤은 챙기는 것인데
지도 한 장, 천 원짜리 한 장 없이
허물 벗듯
탈바꿈하듯
육신조차 벗어놓고 쫓기듯 갔다.
오늘 그를 보내는 발인 예배를 드렸다.
그는 알까,
내가 흘린 눈물이 그가 아닌 나 때문이었다는 것을—
어느 날 내가 저 관 속에 누워 있을 때
내 영혼은 얼마나 떳떳할 수 있을까
그걸 생각하면서 나는 눈물을 흘렸다.
고마운 친구,
떠나면서도 나를 일깨워준 친구,
부디 잘 가시게.

울음

매미는 성대의 떨림으로
하루살이는 날갯짓으로
여치는 두 날개를 비빔으로
도살장에 끌려가는 소는 소리 없는 눈물로
저마다 울음을 웁니다.

나무들은 나뭇잎을 흔들어
작은 풀은 제 몸을 찢어
울고
달도 얼굴을 가리고
구름마저 울 때가 있습니다.
별들이 흘리는 눈물은
아침 이슬이 되어 풀잎마다 맺힙니다.

모든 우는 것들은
저마다의 슬픔과 아픔을
저마다의 방법으로 울음 웁니다.

그러나 너무 슬픈 사람은 소리도 내지 못하고 웁니다.
슬픔이 목을 막아 가슴으로 웁니다.

이름

오랜만에 내 이름을 부르는 사람이 있었다.
병원 간호사였다.

난 이름으로 살았다.
세상에 나오자마자 내게 붙여진 고유명사,
이름으로 살았다.
학교도 직장도
집 매매도 은행 예금도 술집 외상도
모든 나의 활동은 이름으로 이루어졌다.

나의 이력서는 이 이름의 내력(來歷),
이름값을 올리기 위한 것이라면
잠 오는 것 쉬고 싶은 것
괴로운 것 다 참고
내키지 않은 것
싫은 것도 해가면서
난 나를 버리고 오로지 이름을 위해 살았다.

그러나 어찌 이리 허망한 이름인가,
이제 각종 고지서에 적혀 오거나
순서가 되었음을 알리는 간호사의 호명뿐이니―

2————

걷는다

걷는다.
낙엽이 떨어져 쌓인 공원길을 아내와 함께 걷는다.
걸어야 산다는 의사의 처방에 따라
산다는 것이 죽는 것인 것처럼
걷는 것이 목적인
흔적 없는 걸음을 걷는다.
여든을 바라보는 나이건만
아직도 모자란 걸음이었나.
잘못 걸어온 죄
비뚤비뚤
샛길만 찾아 걸어온 삶
다시 걸음마를 배우듯
한 걸음 한 걸음
이제는 어쩔 수 없이 서두르지 않고 천천히 걷는다.
가끔은 아내의 손을 잡고 걷는다.
평생 언제 이렇게 긴 시간을 손잡고 걸었던 적이 있었던가.
가끔은 뒤처진 아내를 기다리며

보폭을 늦추다가
서서 기다리다가
허리 굽은 아내를 본다.
힘들면 업어줄까?
숨이 가빠 제 몸 하나 끌고 가기 어려운 내가
짐짓 해보는 말인 줄 알면서도
행여 곁에 누구 듣는 사람이라도 있는 양
아내는 얼굴을 붉히며 손사래를 친다.
그러나 아내는 안다.
그 말 속에 어설프게 녹아 있는 내 마음들을—
바람도 없는 하늘에서 낙엽이 진다.

걷는다 2

아내와 손잡고 공원길을 걷는다.
이승에서 못다 잡은 손 이제야 철들어
저승까지라도 잡고 가자고
아쉬운 마음에 꼭 잡고 걷는다.

한오백년 살 줄 알았는데
일흔다섯 해가 어제 하루
어언 세월의 변두리로 밀려와버렸구려
임자 미안해
속으로 중얼거리며 꽉 잡는 손
임자 오늘 참 예쁘다
슬며시 돌아보며 속으로 중얼거리는 내 이야기를
알아듣고 맞손 힘주어 잡는 아내

하루 같은 인생
이제라도 하루가 천년처럼 천천히 천천히 아껴 걷는다.

젓가락

혼자서는
콩 한 톨 들지 못하는
젓가락은 칠푼이 부부다.
우리도 그렇다.
일흔이 넘으니 더욱 그렇다.

익는다는 말

"우린 늙어가는 것이 아니라
조금씩 익어가는 겁니다."*

여보,
나이를 먹는 것은 늙는 것이 아니랍니다.
익어가는 것이랍니다.
모든 열매가 계절 따라
익어가듯
당신도 나도 익는 것이랍니다.
봄이 되어 새로이 맺힌 열매들이
여름을 지나고
가을이 되면
스스로 익어 살아 있는 것들의 먹이가 되고
더 익으면 땅에 떨어져 새 생명으로 돋아나듯이
당신과 나도 늙은 것이 아니고
익어온 것이랍니다.
당신과 내가 처음 만났을 때

우리도 푸릇푸릇 설익은 열매들이었지요.
그러던 것이 어느덧 반백년이 흐르고
당신과 나도
노란 은행 알처럼 떨어질 날만 기다리고 있구려.

여보, 생각해보면 익는다는 말
참 멋진 말이지요.
누구도 강제할 수 없는
제 스스로
저만의 맛을 가진 삶의 완성에 이른다는 말
여보,
우리도 우리대로 남은 세월
멋있게 익어갑시다.

"저 높은 곳에 함께 가야 할 사람, 그대뿐입니다."*

*노사연의 〈바램〉에서

어떤 노부부

이승인지 저승인지
마주 보고 누워 잠든 8순(旬) 노부부

이 손 놓지 마
같이 가야지

삭정이 끝에 포개진
가랑잎 두 잎
잠든 새 놓칠세라 선잠이다.

가까이 있어서

가까이 있어서 부딪치는 것이다.
가까이 있어서 사랑하고
가까이 있어서 때론 다투고
미워하고
눈물짓고
그리고 후회하기도 하는 것이다.
저 멀리 별들은 늘 저만큼 멀리 있어서 아름답지만
우린
가까이 있어서
때론 지겨운 것이다.
가까이 있어서 서로 의지하고
가까이 있어서 서로 외로움을 나누지만
별들이 늘 저 자리에 있듯이
우린 서로가
언제까지라도 가까운 그 자리에 늘 있을 것 같아서
무심하고 소홀한 것이다.
그러다가 어느 날

가까운 사람들이 어쩔 수 없는 이유로 멀리 떨어져

더 이상 가까이 있을 수 없을 때

그때야 그들이 나의 소중한 일부분이었음을 깨닫는 것
이다.

행복

행복은 수줍은 아이처럼 조용히 다가와
살며시 우리의 옷깃을 잡네.
행복은 지폐처럼
한 장 한 장 꼼꼼히 셀 수 있는 것이 아니라네.
지갑 속에
속주머니 속에 몰래 감춰두는 것도 아니지.

행복은
봄날 공기 같은 거라네.
겨우내 벼르던 꽃들이 뿜어내는 향기와
새근새근 어린 새 새끼들의 잠자는 숨소리처럼 구체적이
지 않다네.

행복은
아장아장 걸음마를 배우던 아이들이 금세 달려가듯
밤새 잠투정을 부리던 아이들이
어느새 멋진 예복을 차려 입고 결혼식장에 들어가듯

행복은
아무 가사도 없이
아무 곡명도 없이
그냥 우리가 매일 부르는 노래라네.

그러나 우린
그것을 너무 늦게 깨닫는다네.
세월이 흘러 아이들은 크고 사랑하는 이들은 모두 흩어
져 아무것도 되돌려놓을 수 없을 때
우린 그때야 그것을 깨닫는다네.

행복 Ⅱ

그땐 왜 몰랐을까
행복은 지난 뒤에 정체를 드러낸다는 것을.
이제 너무 멀리 와버린 시간
가슴 한 조각을 잘라
뒤에 오는 젊은이들에게 부치는 편지를 쓴다.
행복은 아주 평범하게 오는 것이었네.
눈치 챌 사이 없이 슬그머니 왔다 가는 것이었네.
내가 그토록 찾아 헤맸던 행복은
이름표가 없었다네.
아무런 장식도 없는 낡은 신발
옷장 속에 걸린 헌 옷처럼 익숙한 것이었지.
맞춤옷이 아니었어.
그렇게 늘 내 곁에 있었어.
행복은 우아하고 고상한 것
그런 거보다는 평범한 것이었어.
잘 익은 스테이크가 아니었어.
찌그러진 양푼에 담아 함께 비벼 먹는 비빔밥 같은 것이었어.

그땐 왜 몰랐을까.

멋지게 산다는 것이

가까이 있는 행복을 가리는 연막이었다는 것을.

행복을 찾아 헤매는 사이 아이들은 자라고

아내의 얼굴엔 어느덧 지울 수 없는 주름이 잡히고

이렇게 멀리 와버리고 만다네.

이제 지나간 그 모든 순간들이 행복이었음을

아픈 가슴 한 조각 잘라 이 글을 쓰노니

사랑하는 젊은이들이여, 행복은 지금 그대들 곁에 있다네.

아주 익숙하고 편한 모습으로 그대들 곁에 있다네.

주님의 날 새벽에

지금은 8월 12일 주님의 날 새벽입니다.

바람이 맞통하는 창문을 열고 가을이 오고 있음을 온몸
으로 느낍니다.

온 세상을 볶아치던

111년 만이라는 지악스러운 더위도

한 줄기 가을바람에 뒷모습을 보이기 시작했음을 알겠
습니다.

입추 새벽부터 이미 기력이 쇠잔해졌음을 짐작했습니다만

어리석은 여름만 그것을 모르나 봅니다.

어떠한 계절도 다음에 오는 계절을 이길 수 없다는 것
을—

한낮에는 아직도 헛힘으로 용을 쓰고 있으니 말입니다.

그러나 부지런한 농부는 좌절하지 않습니다.

한때의 시련에 잠깐 눈물을 흘릴지언정

옥수수며 가지며 고추며

바짝 말라버린 채소들을 거둬내고

우리들의 주님께서

풍성할 새 가을을 예비하시고 계심을 믿고
다시 새 씨앗들을 뿌릴 것입니다.
계절은 공평합니다.
고대광실 부잣집 거실에도
가난한 병자의 반지하 골방에도
가을은 지금 어김없이 찾아가고 있을 것이니 말입니다.
교만했던 지난여름은 오늘 주님의 날에
우리가 한없이 낮아지고 겸손해져서
주님의 섭리에 순응해야 하는 이유를 웅변으로 가르쳐
주는 듯합니다.
오! 주여, 주님만이 영광 받으시옵소서.

침묵의 소리

사람들은 저마다
말할 수 없는 얘기들이 있지.
그래서 외로운 게 인간이다.
침묵의 얘기를 들으라.
그 얘기들이 들릴 때
나무들이 주고받는 소리와
봄밤을 적시는
빗방울들의 속삭임도 들을 수 있나니.
누군가를 사랑한다는 것은
침묵의 얘기를 들을 수 있다는 것이지.
진정한 사랑이란
말보다 더 간절한
침묵의 사연들을 들을 수 있어야 한다는 것이지.

너

눈길 한 번 주지 않고
말 한 마디 건네지 않고
그냥 내 곁을 스쳐간 줄 알았더니
어느새 넌
내 가슴에 들어와 낮에도 뜨는 별이 되었구나.

독백

늙는다는 것이 가끔 미안할 때가 있다
늙는다는 것은 몸에서 수분이 빠져나가고 부드러움도
빠져나가고
몸보다 더 빨리 말라버리는 뇌와
더 쭈글쭈글해진 외고집과 노여움이 늘어나는 것이기도
한데
오래 산다는 것이 부끄러울 때가 있다.
늙는다는 것은 혀가 마르고 눈이 말라
말이 어눌해지고 시야는 흐릿해지고
고막도 말라 잘 들리지 않는다.
그러나 가끔은 도사 같은 기분으로 스스로를 달랜다.
마른 혀를 굴려 더 이상 거짓을 말할 이득이 없고
물기 없는 시력은 도리어 질퍽한 거짓의 벽을 뚫기도 한다.
세상의 온갖 소리들은 어두운 귀보다는 마음으로 듣는다.
늙는다는 것이 이처럼 나쁜 것만은 아니다.
그러나 세상을 가르칠 만한 도사가 된 것은 아니어서
아무 기여함 없이

분뇨의 생산 도구로

건강보험료의 인상 요인으로 연명해가는 것이 참 부끄러

울 때가 있다.

하얀 편지

누가 보낸 편지일까요, 저 하얀 눈들은—
아마도 천상에서 누군가가
여기 남기고 떠난 못 잊을 사람에게
밤새워 쓴 편지들이 아닐까요.
보내고 또 보내오는 사연들이 궁금하여
슬며시 들여다보았으나
아무것도 적혀 있지 않은 하얀 편지—
하고 싶은 말들이 너무도 많아
하얗게 타버린 그 마음을
쓰려다 찢고 쓰려다 찢은
하얀 조각들일지 몰라요.
그러기에 끝도 없이 내리는 저 눈들이
마침내는 녹아서 눈물로 흐르는 거겠지요.

돌담

똑같이 생긴 돌은 하나도 보지 못했다.
그 돌들을 잘 골라 제자리에 앉혀놓으니
서로서로 지탱하여
천년도 견디는 담이 되었다.
여기저기 틈새가 있어
거센 바람 김 빼게 하니 도리어
바람이 무너져 내렸다.
사람 쓰는 용인술도 담 쌓는 기술에 다름 아니리.

발바닥

발바닥을 닦는다.
종일 고개 한 번 들지 못하고
말없이 걸어온 네가 고마워
주름지고 갈라진 너의 구석구석을 닦는다.
오늘 하루 내가
이곳저곳 마음대로 다닐 수 있었음도
꼿꼿하게 서 있을 수 있었음도
다 네 덕분이었지.

내 몸의 가장 낮은 곳에서
하루 종일 햇볕 한 번 보지 못하고
더러운 곳
어두운 곳
위험한 곳 가리지 않고 앞장서
무거운 몸을 떠메고 묵묵히 버텨온
발바닥이여
너로 하여

내가 자유스럽게 움직였노라

대지를 밟아 나를 굳건히 세우고
대지를 뒤로 밀어
나를 앞으로 전진시킨
그 강인한 저항,
저보다 먼저 몸을 편히 눕히는
그 희생—
발바닥이여,
안타깝고 고마운 맘으로
너의 구석구석을 내가 깨끗이 씻는다.

미투(me too)

상대방에게 불쾌감이나 굴욕감을 주는 것이 어찌 성희
롱뿐이랴.
생각 없이 내뱉는 한 마디가 상대방의 가슴에는
바늘이 되고 비수가 되고
이런저런 일로 마음이 다친 사람에게는
아픈 상처에 소금이고 독이 되거늘
어찌 사람 사는 일에 '미투'할 일이 한둘이랴.
남이라면 '미친 놈!' 한 마디 내뱉으면 끝나겠지만
가까운 사람들일수록 참고 견뎌야 할 때가 많을 터─
다문 입이 거듭되고(品) 쌓여(山)
만들어지는 병(疒)이 혹 암(癌)이 아닐는지.
여기저기서 쏟아지는 '미투' 고백을 보며
나는 오늘 아침 그동안 내 가벼운 입 때문에 상처받은
사람들에게
진심으로 사과하며 가해자 '미투'를 선언하고 다짐한다.
앞으로는 조심 조심 또 조심하겠노라고. 그 징표로 이
글을 쓰노라고─

무위(無爲)

흙은 아무 하는 일이 없다.
깨끗한 것 더러운 것
크고 작은 것
부드럽고 단단한 것
모든 것을 가리지 않고 품을 뿐이다.

물은 아무 하는 일이 없다.
다만 흐를 뿐이다.
낮은 곳으로,
더 낮은 곳으로 흐를 뿐이다.

그 흙과 물이 만나 생명이 태어난다.
위대함이란 이렇듯 무위(無爲)인 것이다.

후회

내가 지금 죽는다 해도 사람들은 놀라지 않을 것이다.

나의 형제들과 가까운 친구들은 한 이틀 아쉬워할지 모르고

아내와 자식들은 그보다 좀 더 눈물을 흘릴 것이다.

그리고 세상은 한여름 낮처럼 아무렇지 않게 여전히 지루할 것이다.

아, 나는 어떻게 살아왔는가.

바닷가 모래알만큼이나 많은 말들을 지껄여왔는데

기억나는 말이 한 마디도 없다.

그동안 나를 불안케 하고

잠 못 이루게 하던 것들은 모두 무엇이었는가.

꿈에도 검은 바닷물은 이부자리 위를 넘실대고

누워 있어도 광야를 방황하던 까닭은 무엇이었는가.

이제 내가 할 일은 나를 미워하는 일뿐일까.

꿈같은 세월을 참 성의 없게 살았다.

누구의 가슴에 대못을 쳤는지 알아야 뽑고 가지.

그동안 내다버린 시간들의 무덤은 어디에 있는가.

함부로 죽여버린 그 많은 시간들에 대하여 우선 용서를 빌어야겠다.

속으로 흐르는 강물

깊은 강은 소리 없이 흐르고
겉과 속이 따로따로 흐르듯
같이 사는 세월도
늙은이와 젊은이의 세월은 달리 흐른다네.
젊은이의 세월은 겉으로 흘러
아름다운 풍경을 만들어내지만
늙은이의 세월은 속으로 흘러 보이지 않네.
속물이 있어야
겉물이 마르지 않고
물고기들이 헤엄치고 수초들이 자라지만
사람들은 가끔 속물이 흐르는 것을 잊는다네.

스마트폰 예찬

모두가 잠든 밤에도 너만은 깨어 있구나.
잠 못 이루는 사람들의 벗이 되기 위해
외로운 인간끼리의 소통을 돕기 위해 밤잠도 잊고 있구나.
인류가 생겨난 이래
최고의 지식과 최고의 순발력을 갖춘 너
최고의 엔터테이너
최고의 마이더스
어떤 누구도, 어떤 무엇도 너를 이기지는 못하리.
네가 내 곁에 있은 후로
난 모든 것을 네게 의지하고
내가 기억하는 것은 집 전화와 아내의 전화뿐
너 없이는 난 멀리 갈 수도 없고
약속도 지킬 수 없고
어느 은행에 얼마의 예금이 있는지도 모르는 바보가 되
었노라.
오, 나의 기억
모든 생각의 그릇

행동의 가이드,
한시도 떼 놓을 수 없는 나의 동반자, 스마트폰이여.

아버지 나무로

주님,

오늘 얼어붙은 겨울 강가에 서 있는 나무들을 보았습니다.

주님, 나무들은 겉모습은 다르지만

주님이 보내주신 우리들의 또 다른 아버지이자 어머니가 아닐는지요.

그들은 우리에게 먹을 열매를 주고 마실 물을 깨끗이 간직했다 주며

더러운 공기를 그들의 폐부로 걸러 우리들을 숨 쉬게 합니다.

팔과 다리를 잘라 땔감으로 주어 밥도 짓고 추운 겨울도 나게 합니다.

마침내는 몸마저 내주어 우리들이 들어가 살 집을 짓게 해줍니다.

주님, 저는 그런 나무들이 마지막 한 잎까지 털어버리고 서 있는 것을 보았습니다.

낙엽들은 올겨울 작은 벌레들의 따뜻한 이불이 되겠지요.

주님, 저는 나무들이 맨몸으로 서 있는 까닭을 오늘에야

알았습니다.

　나무들은 모든 것 주어버린 벌거벗은 몸으로

　춥고 긴 겨울을 견디고서야 새해를 맞는다는 것을—

　그래서 강가의 나무들이 하나같이 기도하는 자세로 서
있다는 것을 알았습니다.

　주님,

　저도 진정으로 회개하여 한 해를 보내고 벌거벗은 마음
으로

　새해에는 모든 것 다 주어버리는 한 그루 아버지의 나무
로 거듭나게 하여주소서.

자수

인생은
눈물과 땀으로 놓아가는 자수 같은 것
눈물을 가로로
땀을 세로로
한 땀 한 땀 정성으로 놓아가는 것
앞 땀이 잘못되면
뒤 땀도 잘못되는 것
한꺼번에 놓을 수도
건너뛸 수도 없는
한 땀 한 땀 순서대로 떠가야 하는 것

시침 떼고 산다

살아온 세월이 오늘 내가 차지해야 할 면적이 아닌가
어느 날 문득 그 생각이 뇌리를 스친 후 난 내가
궁둥이 하나 내려놓을 자리도 주장할 수 없음을 깨달
았다.
그런데도 착한 아내와 자식들과
주위 사람들은 내가 단지 나이 하나 먹었다는 이유로
내게
윗자리 넓은 자리 편한 자리를 권한다.

남달리 애국하는 맘으로 산 것도 아니고
그렇다고 가족들을 위해 헌신한 것도 아니고
남들보다 크게 애쓴 것 없이 그렁저렁
어물어물 살았으나
운만큼은 좋았는지 가족들은 나더러 "애썼다" 하고
난 그것이 맞는 말인 양 시침 떼고 산다.

가끔은 그런 내가 부끄러워
어디 숨을 곳 없나 생각도 해보지만

도리어 아내와 자식들을 괴롭히는 일 같아 그냥 시침 떼
고 산다.

돌멩이

견뎌온 세월로 따지면
하천 바닥에 구르는 하찮은 돌멩이를 따르랴
아름다움으로 따지면
광야에 지천으로 피어 있는
이름 모를 작은 들꽃 한 송이에 견주랴
세상에 무엇 하나 내세울 것 없는 놈이
무슨 생각은 그리 많아
잠시 멈출 새가 없고
손해 보고 남는 것은 그리도 따지는지
몇 겹을 구르고
몇 겹을 깎여야 한낱 저 돌멩이의 경지에 이르랴.

밥상

멸치여,
남해 푸른 바다를 맘껏 헤엄쳐 놀던 네가
어쩌다 미라 되어 밥상에 올라왔구나.
찬바람 찬 눈도 아랑곳 않던 시금치여,
뜨거운 불 속을 지나왔어도 너의 푸른빛은 여일하구나.
밥상이란 얼마나 잔인한 특혜인가.
나 하나의 생명을 위하여
바로 얼마 전까지 살아 있던 물고기들이, 채소들이
수많은 생명들이 희생되어 밥상으로 올라왔구나.
음식을 씹을 때는 경건하여라.
생명이란 모두 동일하나니
함부로 살지 마라, 너.

가슴에 묻은 말들
―또 한 해를 보내며

돌아보면
가슴에 묻은 말들이 참 많았습니다.
하여야 할 말들조차
묻어버리고 살았습니다.
바쁘다고
겸연쩍다고
말 안 해도 알 거라고
그러면서 살았습니다.
그러나 인생의 반환점도 오래전에 지나온
때늦은 지금에야 확실히 알았습니다.
어떤 말들은 꼭 제때 해야 하는 거라고―
사랑한다
고맙다
미안하다는 말은
다음 날로 미루는 것이 아니라고.
다른 말은 모르더라도
그 말들만은 기계의 윤활유 같은 거여서

반드시 제때에 말해줘야 하는 거라고.

그래야 힘들고 빡빡한 인생도 부드러워지는 거라고—

웃고 살아요

웃고 사는 것이 그리 어렵나요.
싱거운 삶일수록
맛없는 인생일수록
설렁탕에 후춧가루 뿌리듯
허허허허
웃음 한 스푼 뿌려주면 되는데
그게 그리 어렵나요.
매운 청양고추 모르고 씹다가
혀 내밀어 헛바람 불듯 그렇게
허허허허
웃으면 되는데
그게 그리 어렵나요.
화날 때
슬플 때
답답하고 기가 막힐 때 웃기로
마음 한번 고쳐먹으면
천지에 웃을 일뿐이죠.

압력솥에 헛김 빠지듯
허허허허 한 번에
막힌 가슴이 뚫리고
허허허허 두 번에
막힌 인생도 뚫릴지어다.
허허허허 새해에는 우리 모두 웃고 살아요.

걷자

걷자.
걷고 또 걸어 쌓인 걸음이
억(億) 보(步)가 넘고
걸음마다
회개의 마음을 찍어 가면
억겁(億劫)의 죄업(罪業)이 사라질 수도 있으리―

걷자
너랑 나랑 같이 걷자
지난 과걸랑 지난 대로 두고
오지 않는 미랠랑 미래대로 두고
가까이는 땅을 보며
감사하고
멀리는 하늘을 보며
겸손한 마음으로
우리 함께 걷자.

걷는 것이 힘들 때는 서로 부축해주며
한 걸음 뗄 때마다
한 걱정 털어버리고
한 걸음 뗄 때마다
미움도 후회도 하나씩 벗어던지고
걷자
걷자.

그러다 어느 날 발목을 묶은 족쇄 풀리는 날,
날자
우리 날자꾸나.
이승도 저승도 없고
두려움도 이별도 없는 무한(無限)의 시공(時空)을
우리 함께 훨훨 날자꾸나.

3————

등

뒷모습은 잊고 살았는데
거기에 아내가 있었네.
아내는 내 등이었네.

아내가 있어 눕고
아내가 있어 무거운 짐도 지었네.
그러나 난,
얼굴만 가꿀 줄 알았지
뒷모습은 신경도 안 쓰고 살았네.
아내는 한 번도 앞서지 않은 묵묵한 내 등이었네.

그런 내 등이 자꾸 굽어가네.

아내에게

사랑도 늙는다.
나이대로 장미꽃 다발 만들어 들고
그럴듯한 시 한 구절 읊어가며 그렇게
멋지게 사랑을 고백하고 싶다.
하지만 일흔 송이가 넘는 장미 다발은 너무 비싸고
마땅한 시 구절도 떠오르지 않고,
그래서 진실한 사랑은 그런 것이 아니지, 암, 마음이지,
그렇게 얼렁뚱땅
생일도 때우고 결혼기념일도 때우고 그러는 것인데
하지만 늘 안쓰럽고 미안한 마음인데
사소한 일로 벌컥 하는 내 마음,
속으로는 이런 말 저런 말 예쁜 말을 골라놓고도
느닷없이 튀어나오는 엉뚱한 말,
사람의 속을 긁는 말.
그래서 늘 지청구를 듣는 것도 어쩔 수 없는
그 사랑이 요즘은 더 늙어서
내 잘못도 당신 탓이라 몰아세운다.

하지만 여보,
이대로라도 건강하게 살다가
아이들 소풍 가듯 우리 같은 날 같은 시에 손잡고 떠나자.

아내에게 2

인생이 덧없다 하지만 여보,
우리가 어느덧 여든을 바라보는
망팔(望八)의 나이에 들어선 지도 한참이 지났구려.

생각해보면 어찌 살았나 싶소.
아이들 키우는 문제 하며
집 문제, 동생 문제, 부모님 그리고
또 많은 문제들에 대하여
정말 많은 이야기들을 나누고
때론 의견이 갈리고
때론 다투기도 많이 했지만
정작 우리들만의 정겨운 시간은 얼마나 가졌는지
둘만의 이야기들은 얼마나 속 깊게 나눴는지
이제 와 생각하니 너무나 아쉬운 세월이었소.

사람들은 저마다 외롭고
정체 모를 그리움 한 두엇 가슴에 품고 산다는데

우린 외로울 사이도 없이
아니 늘 외로우면서도 행여 사치스럽다 할까,
까닭 모를 허전함으로 잠 못 이룬 때도 많았지만
나만의 말 못할 비밀인 것처럼
정작 우리들의 이야기는 나눠본 일이 없는 것 같구려.

부부라는 이름의 우린 서로에게 누구였을까
친구였다면
서로의 아픔의 깊이를 너무나 헤아릴 줄 몰랐고
인생의 동반자였다면
늘 곁에 같이 있었어도
알 수 없는 고독의 그림자들에 대하여
가끔은 나눔의 대화쯤 몇 마디씩이라도 오갔어야 했는
데—

아니면 삶의 무게를 나눠진 동업자였던가,
사는 것이 쉽지 않았지만

아무리 힘든 때가 많았다 하지만
우린 부부라는 이름의 장사꾼처럼
삶의 주판알만 튕기다가 아까운 세월을 보내고 말았구려.
비록 성공한 인생이었노라 말할 수는 없어도
다행히 아이들이 잘 커주었으므로
동업 성적만은 낙제를 면했다 할 것인가.

여보
아직 늦지는 않았다고들 하오.
인생은 지금부터라 하오.
저녁놀 하늘이 하루 중 제일 아름답다 하지 않소.
이제 남은 세월
처음 만난 날처럼 우리 수줍게 살며시 손잡고
못 다한 얘기들, 우리들만의 얘기를 나누며 삽시다.

하얀 눈이 되어

창밖에 눈이 내린다.
나도 저 하얀 눈이 되어 너에게 가고 싶다.

네 머리 위에
네 어깨 위에
네 발길 따라 내리는 눈이 되어
너에게 처음 찍히는 발자국이 되고 싶다.

부드러운 눈으로 너에게 가고 싶다.
아기 새의 숨소리처럼 밤새 소리 없이 내려
너의 지붕을 덮어주는 포근한 이불이 되고
불 꺼진 창문으로 잠든 널 지켜보며
꿈속에서 네가 걷는 하얀 자작나무 숲길이 되고
이른 아침에 네가 창문을 열 때
네게 첫눈으로 다가가는
잊지 못할 아름다운 설경(雪景)이 되고 싶다.

순백(純白)의 눈으로 너에게 가고 싶다.

네 온몸을 감싸는 티끌 없는 눈으로

나를 녹여

네 안에 스며드는

영원히 마르지 않는 사랑으로 네게 머물고 싶다.

태양이여

태양이여
그 어느 꽃보다 아름다운 불꽃이여
그 사랑
얼마나 견디기 힘들었으면
제 몸을 스스로 불사르고 있는 것이냐
태워도
태워도
꺼지지 않는,
시간이 가면 갈수록
더욱 뜨겁게 불타오르는
태양이여
제 몸 아닌 것은 태우지 않는
제 몸만을 불사르는,
오직 타오르기 위해 존재하는
오, 지순(至純)한 사랑이여,
영원히 꺼지지 않는 불꽃으로 타올라라.

아내의 잠자는 모습을 보며

아내의 잠자는 모습을 보는 것이 행복일 줄은
전에는 미처 몰랐습니다.
불면증에 시달리던 아내가 겨우 잠이 들어
낮게 코 고는 소리가
부드러운 음악인 줄은 전에는 몰랐습니다.
젊은 시절 꼭두새벽 출근하면서
곤하게 자고 있는 아이들을 보며
가끔은 보람도 느꼈지만
그 아이들이 저마다 가정을 꾸려 나간 뒤
아내의 곤하게 잠든 모습을 보는 것이
또 하나의 행복인 줄을 이제야 알았습니다.
그 아이들도 추운 이 겨울 새벽
제 새끼들의 잠을 깨우지 않으려 조심조심
저나 제 남편의 출근을 서두르고 있겠지요.
아아, 하나님 이 모든 것이 감사합니다.

당신의 미소

당신의 미소는
어느 꽃보다 아름답습니다.
꽃은 늘
같은 모습으로 피지만
당신의 미소는 필 때마다
다른 모습으로 핍니다.

그러나 당신의 미소는
너무 빨리 사라지기 때문에
도무지 꺾을 수 없는 꽃입니다.
핀 듯하면
어느새 사라지고 없는,
어찌해도 손에 쥘 수 없는 안개꽃입니다.

언제 피어닐지 모를 한 송이,
아까는 핀 듯 만 듯
보일 듯 말 듯 하더니

방금은 만개한 벚꽃보다 더 화사하게 피어났던,
당신의 미소를 보기 위하여
난 당신의 주변을 마냥 맴돕니다.

당신의 노래

당신의 노래를 내가 좋아하는 건
당신의 목소리가
나의 온몸을 부드럽게 감싸주기 때문이어요.
당신의 노래를 듣고 있노라면
난 마치 따뜻한 욕조 안에 있는 것 같아요.
어떤 때는 부드러운 봄날,
향기로운 꽃밭 속을 걷는 것 같아요.
어떤 때는 하얀 뭉게구름을 타고
푸른 하늘을 둥둥 떠가는 것 같기도 하고요.
그리고 어떤 때는
당신의 노래가 내 몸 안에 들어와
비탄(悲嘆)의 떨림을 만들고
나는 당신의 악기가 되지요.
어쩜 당신은 노래라는 이름의 화신(化身)으로
나를 감싸고 있다는 느낌이 들어요.
그럴 때 나는 당신과 하나 되는 희열(喜悅)을 느껴요.
당신과 하나 되어 영원을 향해 날아가는 꿈을 꾸어요.

사랑의 빈털터리

난 빈털터리가 되었어.

사랑이란
엿장수 가위처럼
몇 조각씩 떼 주는 게 아니라 해서
네게 다 주어버렸어.
내 모든 걸 다 주어버렸어.

사랑이란
집값이나 전세금처럼
계약금
중도금
잔금으로 나눠주는 것이 아니라 해서

월세처럼
매달 얼마씩 주는 것도 아니라 해서

단 한 번 네게
모든 걸 다 주어버리고
난 빈털터리가 되었어.

난 이제
너 아닌
누구도 사랑할 수 없는
사랑의 빈털터리가 되어버렸어.

아내의 등

끙—
하고 돌아눕는 아내의 등이
내 베개보다 작다.
그 등에 날 짊어지고
아이들을 둘러메고
용케도 버텼구나.
내일도 비가 오겠다.
삭신이 쑤시고
다리가 저리도록 허리가 아프다 하니—

아내의 발

아내의 발은 작다.

벗어놓은 신발을 보면 가끔 애틋한 마음마저 들 때가 있다.

그러면서 저런 작은 발로도 지구를 누를 수가 있구나,

하늘을 떠받칠 수 있구나 하고 경탄할 때가 있다.

그런 작은 발로 아내는 종종걸음을 치면서

두 아이들을 키우고 아버지와 동생과 처남,

때로는 서너 명이 넘는 동생을 데리고 있은 적도 있었다.

어느 날 밤 아내의 발이 내 얼굴에 올라와 있었다.

난 이 여자가 거꾸로 자나 생각하며 사정없이 발을 밀쳐
버렸다.

그 바람에 아내가 끙 하고 돌아눕는 것을 보고

나는 그게 발이 아니고

갈라지고 부르튼 손이라는 것을 알았다.

우리는 이제 둘이만 산다.

아내의 신발을 볼 때마다 나는 아내의 부르튼 손이 생각
난다.

바람

이런 바람도 있다.
밤낮
4계절 변함없이
네게로만 부는 바람—내 마음

시를 쓰고 노래하는 이유

아무리 다른 말로 바꾸어 말해도
인생은 슬픈 거예요.
내가 늙는 것은 참을 수 있어요.
곱던 아내가 늙어가는 것도 견딜 수 있어요.
내가 어느 날
사랑하는 가족들을 남겨두고
홀로 알 수 없는 먼 길을 떠나는 것이야
받아들일 수 있어요.
하지만 어디인지 모를 이별의 길로
아내 혼자 보내는 것은
견딜 수 없는 일이지요.
인생은 누가 뭐라 해도 슬픈 거예요.
저 빠른 세월 속에
아이들마저 늙어가는 것을 본다는 건
더더욱 슬픈 거지요.
아장아장 걸음마를 배우던
예쁜 짓이란 저 혼자 타고난 것 같던 아이들이

세월의 할큄에 당하는 것을 보는 것은
너무너무 가슴 아픈 일이지요.
하지만 우린 아무것도 할 수 없어
그냥 모른 척 태연한 척 사는 거지요.
그러나 마음 깊은 곳은
늘 아려와
우린 시를 쓰고 노래하며 견디는 거지요.

탁란

당신은 얌체입니다.
내 마음에 승낙도 없이
뻐꾸기 탁란(托卵)하듯
들어와 앉더니
내 마음 독차지하고 있습니다.
당신 생각만 무럭무럭 자라납니다.

당신에 대한 마음

거울을 볼 때마다 당신은
세월을 탓하지요.
고놈의 세월 땜에
키도 작아지고
몸집도 작아지고
늙었다고요.
나도 세월이 그리하는 줄 알았습니다.
그러나 어느 날 문득
그게 아니라는 것을 알았습니다.
당신은 작아진 게 아니었습니다.
늙은 게 아니었습니다.
작아진 당신은 내 마음속에서
그만큼 더 크게 자리 잡았습니다.
세월이 흐를수록 도리어
당신은 내 안에서 더 예쁘고
더 사랑스러운 여자가 되었습니다.
여보, 더는 거울을 보지 마세요.

내 마음을 들여다보세요.
진정한 당신은 거기에 있으니까요.